INVENTAIRE
f. 8582 J

Y

# LA FRANCE RÉGÉNÉRÉE;

## PIECE EPISODIQUE

### EN VERS ET A SPECTACLE,

#### PRÉCÉDÉE

#### D'UN PROLOGUE;

#### PAR M. P. J. B. CHAUSSARD;

Représentée, pour la premiere fois, sur le Théâtre de Moliere le 14 Septembre 1791.

On n'éclaire pas les Hommes avec la torche des haines, mais avec le flambeau de la Raison.

A PARIS,
Chez LIMODIN, Imprimeur de la Section des Lombards, rue Saint-Martin numéro 250.
Et chez tous les marchands de Nouveautés.

1791.

## ACTEURS DU PROLOGUE.

*Deux personnages allégoriques.*

| | |
|---|---|
| LA GLOIRE, | Mme. Boursault |
| LE TEMPS, | M. Jeannin. |

### ACTEURS DANS LA PIECE.

| | |
|---|---|
| UN CURE, | M. Boursault. |
| UN PRELAT, | M. Compain. |
| UN JUIF, | M. Gonthier. |
| UN PROTESTANT, | M. Gosse. |
| UN VIEUX PAYSAN, | M. Duverger, ou M. Volange. |
| UN FEDERE, | M. Villeneuve. |
| UN PROCUREUR FISCAL, | M. Monet |
| UN CHAREUX, | M. Doligny |
| UN PROCUREUR, | M. Valmont. |
| UN MAIRE, | M. Saint-Amand. |

Grouppe de paysans et de paysannes.
Grouppe de soldats et de citoyens.

## A MESSIEURS LES JOURNALISTES.

M ESSIEURS,

Le Théatre de Moliere, connu par son ardent patriotisme, vient d'établir avec beaucoup de soins la pièce intitulée: LA FRANCE RÉGÉNÉRÉE, dont la première représentation a eu lieu samedi 24 Septembre, j'ai cru devoir rendre compte à mes concitoyens de mes principes.

Le premier de tous a été de me défendre les personnalités. On n'éclaire point les hommes avec la torche des haines, mais avec le flambeau de la raison.

Haïr, est un sentiment pénible. L'être assez malheureux pour méconnoitre la vérité n'est qu'à plaindre.

Les abus seuls doivent être traités sans égards, ainsi j'ai rassemblé toutes mes forces contre le monstre du fanatisme. L'hydre est écrasé sans doute, mais les derniers tronçons du serpent palpitoient encore, et j'ai marché sur ces tronçons.

Lorsque j'ai placé un curé sur la scene, le caractere du bon Fénelon a été mon modèle.

Après avoir rendu compte de mes principes, il me reste à expliquer mes moyens d'exécution. La succession de tableaux qu'étale la régénération de la France, ne pouvoit être développée que dans des scenes épisodiques, j'ai taché de couvrir la nudité de ce genre par la pompe du spectacle, par la richesse des détails, par le jeu des contrastes. Dans le Prologue le char brillant de la gloire s'abaisse sur la France; tantot j'ai emprunté les accens de la muse tragique, tantot ceux de la muse pastorale. J'en ai poli le style par un long travail, je puis m'être trompé, bien jeune encore, je balbutie la langue dramatique, mais si ces premiers essais étoient encouragés, peut être pourrais-je former un jour des chants plus dignes de ma patrie à laquelle j'ose les consacrer.

Jai l'honneur d'être avec la plus profonde estime,
Messieurs

Votre très humble serviteur
CHAUSSARD,
Auteur de la France régénérée,
de la Théorie des loix criminelles, etc.

## AVIS.

Messieurs les Directeurs de Province, qui voudront faire jouer cette Pièce s'adresseront à M. *Boursault* ci-devant *Malherbe*, Directeur du Théatre de Molière rue Saint-Martin, et seul propriétaire de cet ouvrage ainsi que *des Solitaires Anglais*, drame en 3 actes; de *la Journée d'Henry IV*, comédie en 3 actes; *des Bons Amis*, comédie en 3 actes; de *la Revue des Armées Noire et Blanche d'outre-Rhin*; de *Louis XIV & le Masque de Fer*, Tragédie; du *Mari confondu*, en 3 actes et en vers; de *Nicodême de retour du Soleil*, du *Bouquet de la Veuve*, en un acte et en vers; de *la Femme honnête-homme*, en 3 actes; etc. etc. le sieur *Boursault*, donnera toutes facilités aux Directeurs de Province.

# PROLOGUE.

*Le théâtre représente une campagne terminée par des montagnes.*

## SCENE PREMIERE.
## LE TEMPS, LA GLOIRE.

*Un grouppe de nuages s'abaisse, se divise et laisse voir d'un côté la Gloire, et de l'autre le Temps, assis avec les attributs qui les caractérisent : on peut figurer aux pieds de la Gloire, deux petits génies ailés tenans chacun un tableau; dans l'un seroit indiquée la prise de la Bastille, dans l'autre la déclaration des droits de l'homme : le temps est tel que dans la fable, un vieillard tenant une faulx, un sablier. Sous ses pieds est une hydre renversée, un trait de foudre part du nuage et l'écrase.*

LE TEMPS.
Que vois-je ? c'est la Gloire,
Qui tient entre ses mains le burin de l'histoire.
LA GLOIRE.
Que vois-je ? c'est le Temps :
La raison sur ses pas s'est traînée à pas lents.
LE TEMPS.
On agit dès qu'on pense....
L'esclavage finit quand la raison commence !
Mais quel dessein mistérieux,
Conduisit vos pas dans ces lieux ?
LA GLOIRE.
Incertaine où fixer ma course vagabonde,
J'ai long-tems plané sur le monde;
J'ai contemplé tous les états divers.
J'ai vu Rome... j'ai fui : Rome porte des fers !...
Là, des midas sacrés la fureur insensée
De son foudre impuissant fatigue la pensée.
J'ai cherché dans l'Espagne un reste de vertus :
Sous l'inquisition les fronts sont abattus;
Elle épaissit sur eux une nuit politique,
Et tout redoute encor le sceptre monastique.
J'aimai les Hollandais.... mais malgré leurs efforts,

L'affreux statoudhérat s'est assis sur des morts.
Le vil autrichien traîne une longue enfance,
Il doit vendre aux tyrans sa docile ignorance...
Je l'abhorrai toujours!... je quittai ces climats.
 L'Amérique appellait mes pas,
  Francklin y fut mon guide;
Je contemplai de près ce mortel intrépide :
  A ses côtés je dus rester long-tems,
  Et ma main sur ses cheveux blancs,
En partant pour ces lieux déposa ma couronne.
  Aux Polonais je souris en passant,
  A Stanislas je pardonnai son trône :
  Mais je repoussai durement,
 Des deserts de Moscou l'ambitieuse Reine.
  A Londres je fus un moment,
  Visiter Price, embrasser Paine.
  Mais je voulais me fixer pour jamais,
  Et le char de la Gloire
 Ne pouvait s'arrêter que sur les champs français,
Et vous....

## LE TEMPS.
   Je repassais l'histoire.
Reportez un regard sur ces ages d'horreurs,
Où les Français trompés cultivaient leurs malheurs;
Où chacun aiguisant un poignard fanatique,
Rampait agenouillé sous le joug despotique....
J'ai vu peser sur eux dix-huit siècles d'erreurs.

## LA GLOIRE.
 Les siècles sont changés.... l'Europe fut barbare,
  Mais la raison arrive et le jour se prépare.
Ces généreux Français n'étaient à leur berceau
Qu'une horde stupide : un servile troupeau,
Tombant sans murmurer sous un fer sanguinaire,
De brigands couronnés la proie héréditaire.....

## LE TEMPS.
Je les ai vu féroces et dévots,
Associer Dieu même à leur faiblesse;
Ils vont s'égorger en champ clos,
Avant d'assassiner, un prêtre les confesse....
Le fanatisme étale un spectacle nouveau.
Tout Français est croisé, vole vers la Turquie,
Emmène sa maîtresse, et boit et psalmodie.
Ils vont prendre la lépre au lieu du saint tombeau....
S'ils meurent intestat l'église est héritière....
J'ai vu les échaffauts et ces buchers pieux,
Images du tartare apporté sur la terre.

Grands juges de sorciers Ah, vous ne l'étiez guère,
Et mieux que tous vous méritez ces feux.
  Toi qui couvris nuit sombre, criminelle,
 Un vaste assassinat de ton ombre éternelle.
Je détourne de toi les yeux avec horreur.
    LA GLOIRE.
  Sur un airain accusateur,
Des superstitions j'ai gravé la fureur.
    LE TEMPS.
  Bientôt une race légère
  Vint se jouer sur ces tombeaux.
  Les arts allument leurs flambeaux,
  Je vois fumer un encens mercenaire,
  Aux pieds d'un despote orgueilleux.
 Entouré de héros, de peintres et d'orphées,
 Dans ses palais brillants et bâtis par les fées,
 Il ne s'informe pas si le peuple est heureux.
  Le peuple paya cher ces fastueux asyles.
Le luxe est un forfait quand les champs sont stériles!
    LA GLOIRE.
Je voyez vous comblant ses attentats,
Et réveillant l'hydre du fanatisme,
Pour plaire à Dieu dépeupler ses états....
Dans la mêlée accourt le jansénisme :
La sottise applaudit à ces nouveaux combats!
Mais la dévotion à fait place au cinisme.
Les bonneaux empourprés ont souillé les honneurs.
  L'état est gouverné par des mains dissolues;
Les édits sont dictés par des femmes perdues,
  Et les valets sont nommés grands Seigneurs.
    LE TEMPS.
  Mais quel réveil sublime!
Romains, n'étalez plus trois siècles de grandeur!...
  Un an suffit au Français magnanime,
  Pour atteindre votre hauteur.
  La foudre en main la vengeance s'écrie:
« Vos cachots sont tout prêts.. venez je vous défie.
» Je vous verrai sous mes pieds abattus;
» J'ai su mettre entre nous un mur inaccessible,
» Et de quatre remparts la masse indestructible ».
Le français fait un pas, et ces tours ne sont plus.
  Ainsi l'aigle endormi tranquillement repose:
  A le saisir un enfant se dispose,
  L'oiseau s'éveille, échappe à son effort cruel;
  Son œil a mesuré le séjour du tonnerre :
   On le cherche encore sur la terre

Il plane au haut du ciel.
LA GLOIRE,
Mais vers ces lieux quelqu'un s'avance.
LE TEMPS.
Observons. Les sujets vont naître en abondance,
Et se presser sous vos pinceaux.
Chaque heure entasse ici des merveilles nouvelles.
Déesse pour ces grands tableaux,
Il vous faut préparer des couleurs immortelles.
LA GLOIRE.
Cachons sous ce nuage et le tems et la gloire,
Si vous voulez qu'ils parlent librement :
Car tel souvent se croit géant,
Qui devient nain devant l'histoire.

*Le nuage se referme, se releve et disparoît.*

*Fin du prologue,*

# LA FRANCE REGENERÉE

## SCENE PREMIERE.

*On voit passer dans le fond du Théâtre, des grouppes de paysans et de paysannes; des gardes nationales ferment la marche, on entend dans le lointain un air de musette et l'air ça ira : des chants rustiques, des Chœurs champêtres se mêlent aux fanfares militaires.*

UN PRELAT seul.

*Il considere ces mouvements avec humeur, il suit, et semble menacer des yeux le grouppe qui s'éloigne.*

A partir de ces lieux je dois me décider,
Oui, quittons l'évêché puisqu'il faut résider.....
  *Se promenant.*
Que verrais-je après tout ?... L'artisan philosophe
Consultant sa raison et non pas un docteur.
Fuyons les gens de cette étoffe :
Le siècle est trop questionneur....
Si je veux reposer, un tambour me réveille.
D'ailleurs cela m'effraye et je fuis les combats.
Je médite, aussitôt voici nouveau fracas,
L'éternel ça ira; vient me choquer l'oreille.
    Des moines, gens édifiants
Peuploient ces lieux : j'y vois des juifs, des protestants,
Tout cela fait frémir et blesse le bons sens....
Ce soir amene une fête nouvelle,
Rousseau, Voltaire et Mirabeau,
Voilà les saints du jour !.... Quelle douleur mortelle!

Le peuple, de saint-Labre, a quitté le tombeau....
*Après un silence.*
Je laisse un régiment pour être homme d'église,
Un décret tout-à-coup me démonseigneurise !
Un autre plus fatal m'ôte cent mille écus !
Que reste t-il ?

═══════════════════════════════

### SCENE II.

LE PRÉLAT, *un curé entrant sur la scene.*
LE CURÉ *entend les derniers mots.*

Eh Monsieur, vos vertus !
LE PRÉLAT.
Faisant bâtir !
LE CURÉ.
Un temple !
LE PRÉLAT.
Eh non, pure sottise.
*Légerement.*
Mieux, un palais pour moi, tout proche, un parc anglais,
Pour un seul point de vue, on a jeté par terre,
Huit fermes, et le presbytere :
A tous les habitants j'ai coupé la riviere,
Pour amener des eaux sous ses ombrages frais.
*Avec enthousiasme*
Vous les voyez tomber en nappes argentines....
Aulieu de champs de bled, vous avez des ruines....
Vous avancez sous un feuillage épais :
A droite des rosiers, à gauche des Cyprès ;
Soudain devant vos pas s'offre une grotte obscure....
Sur sa cime est perchée une vieille masure ;
On ouvre, et tout-à-coup à vos yeux enchantés,
Brille un boudoir charmant... C'est le temple de Gnide,
La peinture des voluptés, est d'Albane, d'après Ovide...
Rien n'est encor payé.... décret maudit ! quel tour !

*Avec gravité.*
Sainte religion! L'on te perd sans retour!...

LE CURÉ.

Ne vous confondez plus dans sa cause sacrée :
A ses purs intérêts, le votre est étranger.
Par respect pour Dieu même, il falloit la changer,
Elle regne du jour qu'elle fut épurée.

LE PRÉLAT.

Il n'est plus de religion!...

LE CURÉ.

Appelez-vous ainsi la superstition!..
Ah! sans doute, enrichir l'orgueil de la thiare,
Être par piété barbare,
Du fanatisme allumer les flambeaux,
Aiguiser des poignards et r'ouvrir des tombeaux,
Se dépouiller, saintement imbécilles,
De tous ses biens, pour des fourbes habiles,
Contre un pieux mensonge, échanger son argent,
Fuir des plaisirs permis, s'hébeter tristement,
Avilir l'homme et dégrader son être,
Courir le masque en sandale, en cordon,
Et vivant sans penser, mourir sans se connoître;
Ce n'est pas là notre religion!
Un tyran inventa ces sottises utiles!
Mais rendre des vertus les routes plus faciles,
Mais vaincre par dégrés des penchants indociles,
Mais à l'homme étonné révéler sa grandeur,
Éclairer son esprit, et consoler son cœur,
Soutenir sa foiblesse, adoucir sa misere,
Mais peindre un dieu clément et bon,
Ne point effaroucher notre foible raison,
Faire des citoyens, un bon fils, un bon pere,
Voilà notre religion
Et je la reconnois à ce saint caractere.

LE PRELAT.

Je perds une abbaye!... ô barbares destins!
Quelle abbaye encore.... ah! de Bénédictins!....

*avec gravité.*

On ne respecte rien, ni l'autel, ni le trône!

LE CURÉ.
Vous même, jugez-vous : l'avez vous respecté?
LE PRELAT.
Mais mon rang!
LE CURÉ.
Etoit-il mérité?
LE PRELAT,
Mais les grandeurs!...
LE CURE.
Il faut que la vertu les donne!
LE PRELAT.
On a perdu la foi!....
LE CURÉ.
Je ne vois de perdu, Monsieur, que votre emploi.
LE PRELAT.
Quoi! l'on ose penser en dépit de la loi.
Il n'est plus de censeurs régentans la nature,
Donnans pour être sots privilége du Roi!....
Prudemment de l'esprit, ils réglaient la mesure.
Tous les auteurs alors étaient des gens de bien:
On avait l'almanach et le journal chrétien.
Mais tout est renversé depuis qu'on ose écrire.
LE CURÉ.
La raison n'a régné que lors qu'on a su lire;
L'ignorance a creusé le tombeau des états.
LE PRELAT.
O beaux jours de l'église!
LE CURÉ.
O siècles d'attentats!
LE PRELAT,
Barbare âge d'or qui t'a fait disparoître.
LE CURÉ.
Le peuple alors, les Rois, rampaient aux pieds d'un prêtre.
LE PRELAT.
Mais pour les convertir...
LE CURÉ *l'interrompant.*
vous les assassinez;
Devant vous se baissaient tous ces fronts couronnés;
Les Lys humiliés se cachaient sous la haire.

Faut-il vous rappeler un Louis, un Lothaire,
Par un arrêt du sanctuaire,
Chassés du trône, où siégeaient leurs ayeux,
Et la rébellion prêchée au nom des cieux.

LE PRELAT.

Un curé philosophe excite ma colere,
Convenez que du moins vos ancêtres pieux,

*à part.*

Etaient meilleurs chrétiens..car ils payoient bien mieux.

LE CURÉ.

De tant de vols sacrés rapelant la mémoire,
Osez-vous étaler cette honteuse histoire!....
Ah! vous eût-on choisi chez les premiers chrétiens?
Restaient-ils dans les cours? non : mais au sanctuaire;
Ils fuyaient les honneurs; ils partageaient leurs biens;
Le pauvre en vous, retrouve-t-il un frere?
L'opprimé par vos soins rentre-t-il en ses droits ?
Vous que nourrit l'état, vous en bravez les lois!
Ne parlons pas ici de ces tems de prodiges
Où le sceptre fut mis auprès de l'encensoir,
Où votre monstrueux pouvoir,
Cimenté par le sang, bâti sur les prestiges......

LE PRELAT.

Arrêtez!.

LE CURÉ.

Non; non; je n'ai pas tout dit :
Que vois-je? les états tombés en interdit;
Prêtres d'un Dieu clément vous apportez la guerre,
Vous unissez, pieux usurpateurs,
L'évangile à l'orgueil, l'humble croix aux grandeurs..
Et la foudre s'allume au fond du sanctuaire.
A nos lys indignés vous dictez des arrêts;
Des arrêts! vous, hommes de prière!.....
Vous prêchez la vertu, tout noircis de forfaits;
Au lieu de l'éclairer, vous embrâsez la terre....
Je ne vois que rapine, et meurtre, extorsions :
Des Rois brigands qu'on canonise,
Qu'on damne, s'ils n'ont rien à donner à l'église....

Je vois couler le sang et l'or des nations !...
On achete l'autel, et le prêtre, et Dieu même !..
Mais que dis-je ? à prix d'or les crimes sont absous :
 Approchez, adultère, assassin, venez tous,
 Payez, ne craignez plus la justice suprême :
 Vous pourez même à l'avenir,
 Voler, tuer, le tout sans repentir.
Mais payez un peu plus... voyez cette Madone,
Payez encor, l'église vous la donne.
On trompe le mourant au nom de l'éternel :
On dérobe à ses yeux un reste de lumière ;
Il voit l'avidité, comme un spectre cruel,
Se traîner sur sa tombe à son heure dernière ;
Et la bourse à la main, il marchande le ciel....
De ces biens usurpés telle fut l'origine !..
Je te bénis, providence divine,
On a rendu ces biens à leurs vrais possesseurs.
J'ai vu trop de tyrans.... je verrai des pasteurs !
Ah ! j'en rougis, moi-même, augmentant vos misères,
Habitans des hameaux, je vous coutai des pleurs :
Je n'arracherai plus, nourri de vos sueurs,
A vos champs désolés leurs gerbes tributaires....
Champs, réjouissez-vous ; il n'est plus d'oppresseurs !

    LE PRELAT.

Vous me parlez toujours d'impostures, de crimes ;
Mais ces grandes erreurs sont les erreurs des tems :
Et pourquoi réveiller la cendre des tyrans ?
Croyez-moi ; comme vous, j'abhorre leurs maximes.

    LE CURÉ.

Quoi ! vous portez un cœur compatissant ?
Ah ! si la vérité parle par votre bouche,
Si la religion vous touche,
Et si vous abhorrez l'effusion du sang,
Quittez donc sans regret des biens illégitimes.

    LE PRELAT.

Quoi ! la propriété ?

    LE CURÉ.
    N'est pas dans les abus !

Il est tems d'effacer dix-huit siècles de crimes;
A perdre ces grandeurs, vous gagnez des vertus....
Venez, ces chaires vous demandent:
Les palmes dans les mains, nos peuples vous attendent;
Venez.... je vois errer sous ces murs étonnés,
De vos prédécesseurs les manes consternés....
Dans la chaire, où tonnait la voix du fanatisme,
Qu'on entende le cri d'un saint patriotisme!
Jurez devant la loi d'en être le vengeur!
Si vous êtes chrétien, elle est dans votre cœur.
Ces loix de notre église étaient les loix premières:
Osez-vous resaisir des vertus de nos pères;
Vous aurez moins d'éclat, vous en serez meilleur.
Faisons connaître enfin l'esprit du sanctuaire....
Et réconcilions les prêtres et la terre.

LE PRELAT *sans l'écouter.*
Moi je vais publier ( a part ), avec mon secrétaire
( Haut ) un mandement contre les mœurs;
Ils doivent en avoir (à part ); mais nous! quelles erreurs!

*Il sort.*

## SCENE III.
### LE CURÉ *seul.*

Je parlais de patrie; il ne connaît que Rome!...
Je n'ai trouvé qu'un prêtre; et je cherchais un homme.

## SCENE IV.
### UN JUIF, UN PROTESTANT ET LE CURÉ *dans le fond du Théâtre.*

#### LE JUIF.

Vous me pressez en vain.

#### LE PROTESTANT.

Fuyons, ami fuyons.
L'hydre des superstitions

Elevant dans les cieux sa tête ensanglantée,
Foule encor sous ses pieds la France épouvantée.
LE CURÉ *allant vers eux.*
Je puis vous embrasser! ô sublime moment.
LE JUIF *reculant.*
Je suis un Juif!....
LE PROTESTANT. *reculant.*
Je suis un Protestant!...
LE CURÉ
Vous êtes citoyens!....
LE JUIF.
Vous prêtre!
LE CURÉ.
Votre frere!....
LE PROTESTANT.
Vous ne me voyez pas avec un œil sévere?
LE CURÉ *serrant leurs mains.*
Je n'aurai pas le tort de me faire haïr!
LE JUIF.
Ce langage n'est pas celui de vos semblables :
LE PROTESTANT.
J'ai le droit d'accuser leurs fureurs exécrables.
LE CURÉ.
Oui, je veux vous aimer, pour mieux vous convertir....
Dieu, lui-même, n'est point terrible en sa colere :
S'il punit des enfants, s'il frappe, c'est en pere!
Au lieu de disputer, songeons à le servir.
Les sectes, les erreurs ont divisé la terre;
Mais puisque Dieu les souffre, il faut bien les souffrir.
LE JUIF.
Je releve mon front du sein de la poussiere!
Je sens que je suis homme avec un noble orgueil!
LE PROTESTANT.
Consolé par mon siècle, ému de votre accueil,
J'idolâtre un pays que la raison éclaire.
LE JUIF.
La persécution s'attachait sur nos pas :
Pourquoi ces feux bénis, et ces bourreaux, ces prêtres?

Dieu pardonne.... tyrans, vous ne pardonnez pas !
Dieu lui-même donna ces loix à nos ancêtres ;
Ah ! si nous avons cru qu'il ne pouvait changer,
Est-ce prouver nos torts, que de nous égorger ?..
A peine la pitié nous laissa des asyles ;
Comme si notre aspect eût souillé vos regards,
Il fallait nous cacher au fond de vos remparts,
Nous seuls avons trouvé le désert dans vos villes !..
C'est à nous cependant que vous devez les arts.
Au milieu de ces tems d'ignorance profonde,
Où le commerce éteint, tombait sous vos mépris ;
Seuls de ce feu sacré recueillant les débris,
Nous répandions sur vous sa lumière féconde :
Et vous devez aux juifs cet art ingénieux,
Par lequel, des métaux rival industrieux,
Un papier est un signe, où la valeur se fonde,
Auquel la bonne-foi répond des bouts du monde...

LE PROTESTANT.

Il nous devaient bien plus, quand un prêtre en courroux
Mit dans les mains d'un Roi le glaive contre nous :
Il m'en souvient ; mon père exilé de la France,
De ces récits affreux étonna mon enfance.
Il peignait à mes yeux nos temples abattus,
Nos frères, nos amis, martyrs de leurs vertus ;
Je crois les voir ces hordes sanguinaires,
Dressant de notre mort les horribles apprêts,
Nous présentant un Dieu de paix,
D'un bras fumant encor du meurtre de nos pères !
Je crois voir de vieillards ces grouppes consternés,
Par leurs cheveux blanchis, dans les prisons traînés ;
Et courbant sous les fers leur tête octogenaire ;
Nos femmes, nos enfans livrés à des soldats,
Et la verge outrageant leurs membres délicats,
On enlève le fils sur le sein de sa mère...
Du désespoir le cri de toutes parts
S'est fait entendre... adieu fertile terre !
Adieu ! le fanatisme à souillé tes remparts....
Nous allons transplanter sur un sol plus prospère,

( 16 )

L'olive du commerce et la palme des arts :
Nous fuyons... mais souvent, France injuste et trop chère,
Vers tes champs fortunés nous tournons nos regards :
Tel, malgré ses rigueurs, un fils cherche sa mère.

LE CURÉ.
*Avec élan.*

Elle vous tend les bras... ciel! entends ma prière.
J'ai vu, je t'en bénis, tomber les oppresseurs ;
Daigne, Dieu de bonté, daigne achever l'ouvrage !
Des superstitions écarte les fureurs !
Arrache un glaive impie à leur funeste rage !
Et que l'humanité rentre dans tous les cœurs !

LE JUIF *tirant un portefeuille et des assignats.*

Bientôt je vois, et je ris, quand j'y pense,
L'ancien testament héritier du nouveau !..
    D'un vieux prélat j'ai visé le chateau !
A tous mes ennemis je pardonne d'avance....
J'acheterai leurs biens... ce sera ma vengeance.

LE PROTESTANT.

Nous apportons nos bras, l'or et l'expérience !..
Surpassez vos voisins ! il faut oser comme eux.
N'imitez plus : créez !... vos champs aimés des cieux,
Prodigues en trésors, vous offrent leurs largesses ;
De ces champs va sortir un fleuve de richesses.

LE CURÉ *les tenant par la main.*

Acceptez un asyle et l'hospitalité :
Venez ! ce jour sera le plus beau de ma vie.
Quiconque est citoyen et sert bien sa patrie,
De tout temps fut l'ami de la divinité !

*Ils vont pour sortir en se tenant sous les bras.*

---

## SCENE IV.

*Un grouppe de paysans et de paysannes les environne.*

Les paysans.

Bonjour not bon pasteur.

## Le Curé.
mes enfans!
## Un vieux Paysan
Not' bon père!...
Oh! messieurs, vous l'aimez, car chacun l'aime ici:
Drès qu'il a, sur le champ nous avons tous aussi.
## Le Curé.
J'ai fait ce que j'ai dû.
## Le vieux Paysan.
Dans la saison dernière,
Ma femme et moi, languissions de misère...
Je voyois le recors menacer mon foyer,
Pour un peu qu'on gagnoit, y falloit tout payer.
J. collecteux arrivait, et pour les satisfaire,
J'allais vendre au marché not' bête nourricière,
Not' vache... j'pleurons, en l'contant :
V'là que ce brave homme l'apprend :
Il était nuit, il pleuvait ; le marchand
Etoit bien loin,.. il part, malgré notre prière,
Il revint tout mouillé, mais ne le sentait guère :
Reprenez, nous dit-il, votre vache, et l'argent....
## Le Juif, Le Protestant.
O vertu!
## Le Vieux Paisan *avec sensibilité.*
C'qui vaut mieux est le cœur dont il donne.
Ses discours font encor plus d'bien que son aumone..
J'venions dire autre chose... excusez un vieillard...
Mais près d'son bienfaiteu l'cœur est toujours bavard.
Comme j'ne voulons plus, à présent qu'on révère
D'ces fainéants dorés, payés pour ne rien faire,
Puisque, dit-on, l'mérite à son tour aujourd'hui,
Il est bien juste enfin qu'l'évêché soit pour lui.
J'venions pour l'annoncer, chacun est dans l'ivresse:
Tout l'monde a s'te nouvelle a pleuré de tendresse...
## Le Protestant.
On ne peut mieux choisir!
## Le Curé.
Ecoutez, mes enfans ;
C

De vos anciens pasteurs respectez la disgrace :
Adoucissez leurs maux, vous en serez plus grands...
Imitez le Dieu qui fait grace,
Et qui laisse aux remords à punir les méchans.

### LE VIEILLARD.
Le magister nous a fait une chansonette....
Oh! c'est un grand esprit!.. Pierre, allons, ta musette!..
Vous n'avez qu'à sourire, et nous serons heureux.

### LE CURE.
Mes bons amis, j'aime à vous voir joyeux.
Chantez.... les tyrans seuls aimoient votre silence.

### UNE PAYSANNE.
Quand on a travaillé, vous permettez qu'on danse.

### LE CURÉ.
Eh! qui condamneroit les jeux de l'innocence.

*Une paysanne lui présentant une guirlande.*
(*Air du Jugement de Midas.*) *Ne vous étonnez pas ma Sœur*

   Ne dédaignez pas d'humbles présents
   Ami de la simple nature,
   Votre ame douce, franche et pure
   Doit chérir les tributs des champs.
     Simple guirlande
     Voilà notre offrande,
     A ces humbles fleurs
     Joignez nos cœurs.
     Pourquoi résister,
     Nous rebuter,
   Que votre vertu se rende
   Le prix du mérite est à vous.
Nous vous offrons la violette
Symbole de la vertu secrète,
Qui de sa modeste retraite
Répand le parfum le plus doux.

*Ronde des paysans. Air ! des Bonnes gens.*
   L'intrigue et l'imposture
   Formaient l'talent d' nos prélats
   Vous vengez la nature
   De leurs trop longs attentats,
   L'mérite tient la houlette
   Je n'craignons pus les méchans,
   Enfi la raison aprête
   L'bouquet des honnêtes gens.

I mangeoient la famille,
C'étoient des loups q'nos pasteurs.
Vot' vertu seule brille
Vot' trésor est dans nos cœurs,
J'ons cherché dans la retraite
Les vertus et les talents
Faut ben q'la raison aprête
L'bouquet des honnêtes gens.

Ben loin de not' chaumière.
I dévoroient l'fruit des champs,
Vous êtes trop bon pere,
Pour délaisser vos enfants.
Chacun vous presse et répete
Ce refrein des cœurs contents
Enfin la raison aprête
L'bouquet des honnêtes gens

*Pendant les couplets un groupe de soldats citoyens descend par les montagnes sur lesquelles on voit des tentes.*
LE VIEILLARD. *qui est resté pensif, se détournant.*
O mes fils !....
LE CURE *courant vers lui affectueusement.*
Bon vieillard d'où naissent vos alarmes,
Pourquoi vous détourner et me cacher vos larmes ?
*Le pressant.*
Allons, à ton ami découvre ta douleur,
Va ! c'est pour te servir que je suis ton pasteur
LE VIEILLAD.
Oui, l'on est consolé dès qu'on peut vous entendre !.
Pardonnez.... ce spectacle et ces objets touchants,
A mon cœur déchiré rappelaient mes enfants ;
De l'attendrissement je n'ai pu me défendre.
Mes enfants ont rougi d'un pere laboureur...
Insensés ils ont fui la nature et mon cœur.
L'un traine sous le froc une vie imbécile,...;
Souffrons nous dans nos champs qu'un arbre soit stérile.
L'autre, brigand en robe, écumeur du barreau
Se croit un Cicéron et n'est qu'un chicaneau...
Le dernier boit nos pleurs, calcule not' misere
Et son hôtel superbe insulte à ma chaumiere,
Ils n'adouciront pas l'ennui de mes vieux ans.

Un fils, mon Benjamin est au berceau, ma fille
m'a quitté.
  LE CURÉ *le serrant dans ses bras.*
  Je te reste,
    LES PAYSANS *s'avançant,*
     Et voilà ta famille
Les citoyens....
   UN JEUNE PAYSAN.
    Courbé, sous l'âge languissant,
Sur une terre ingrate il traine sa faiblesse
Mes amis que nos bras soutigent sa vieillesse
Je m'engage moi seul à labourer son champ,
   TOUS LES PAYSANS.
Nous te disputerons ce touchant ministere.
   LE JEUNE PAYSAN.
Il faut à soixante ans te reposer mon pere.
  LE VIEILLARD, *d'un ton entrecoupé.*
Mes amis... je ne puis... exprimer... mais je sens;
Mais je baigne vos mains de pleurs reconnoissans.
 *Levant les mains au ciel.*
Mon Dieu je te bénis.... que dans ta providence
Leur vertu puisse un jour trouver sa récompense.
Aidés d'enfans pieux, qu'ils ne connoissent pas
Cet horrible tourment d'avoir des fils ingrats;
Je vais mourir content..... employez mieux vos bras.
Servez votre pays; allez, guerriers sensibles....
Ah! des cœurs généreux doivent être invincibles.
   LE CURÉ.
Fille de la nature! ô sainte liberté!
Les vertus sont tes fruits, et les mœurs ton ouvrage.
Tu fécondes les cœurs... que celui qui t'outrage
Approche et prenne ici leçon d'humanité.

---

## SCENE V.
LES PRECEDENTS, UN SOLDAT.
(*Un groupe de soldats se développe sur la scene*)
   LE VIEUX PAYSAN.

Voici nos défenseurs.

LE PROTESTANT.
Ah donnez-nous des armes
Au dernier rang nous venons nous offrir.
LE JUIF.
Mais au premier, s'il faut mourir.
LE CURE ému.
Ce cri du sentiment a fait couler mes larmes.
UN SOLDAT.
Recevez nos adieux et nos embrassemens,
Aux murs de Luxembourg la gloire nous appele
Elle agite en ses mains une palme immortelle,
Dieu déployant un bras retenu trop long-tems
A du sceau de la mort marqué tous les tyrans.
La torche de Bellone a secoué l'orage
L'Europe est ébranlée et non notre courage;
Oui, nous jurons de vaincre... aux yeux de l'oppresseur,
Nous allons d'un grand peuple étaler la hauteur,
Et du nom de Français justifier la gloire;
L'homme libre est toujours le fils de la victoire.
Si le sort ennemi trahissait nos sermens
Vous donnerez alors ce glaive à nos enfants,
Nous leur laissons du moins un grand exemple à suivre
Qui meurt pour son pays est sûr de toujours vivre.....
LE CURE.
Reprimez les fureurs, ne les imitez pas.
Loin de vous en souiller, punissez l'homicide;
Que ce glaive en vos mains soit toujours une égide
Pour repousser la mort, et non pour la donner;
Déjà vous savez vaincre.... Ah! sachez pardonner!
Entendez la patrie! entendez votre mere.
Mes fils, ne plongez pas un poignard dans mon sein.
Dans mes enfans ingrats que chacun trouve un frère!
LE SOLDAT.
Voyez des citoyens, et pas un assassin...
Le sanglant fanatisme appelle encor des crimes:
Mais nous abhorrons tous ces horribles maximes,
Et de nos ennemis, prêts à les protéger,
Nous savons nous défendre, et non pas nous venger...
Nous éteindrons les feux des discordes civiles;

Oui, nous vous promettons le repos de vos villes.
Ton buste, ô Mirabeau! repose dans ces lieux.
Allez, braves guerriers, qu'on l'apporte à nos yeux,
Qu'il paroisse, et qu'aux pieds de notre Démosthène,
Chacun jure aux tyrans une immortelle haine!

### LE PAYSAN.
Si j'avois de mes ans la première vigueur,
Je les suivrais encor, je n'ai plus que mon cœur.

### LE CURÉ (*Bénissant les Drapeaux*)
Dieu bénit par mes mains vos armes citoyennes.

## SCENE VI.
## UN GARDE NATIONAL, LE PROCUREUR FISCAL.

LE PROCUREUR FISCAL *arrêtant mistérieusement un fédéré, et le ramenant sur le Théâtre.*

Un mot?

### LE SOLDAT.
Eh bien! mons' procureur fiscal.
Vous chancelez, comme un impartial!...

### LE PROCUREUR FISCAL.
C'est-là votre pensée.... oh! chacun a les siennes
Je crains!..

### LE SOLDAT.
Homme de robe!.. allons, il est poltron...

LE PROCUREUR FISCAL *avec une grimace.*
La contre-révolution....

### LE SOLDAT.
Eh! quand?

### LE PROCUREUR FISCAL.
Pas aujourd'hui, que votre ame animée,
Est à vaincre ou mourir toute déterminée!..
Mais...

### LE SOLDAT.
Ce jour là, Monsieur, dure toute l'année!

### LE PROCUREUR FISCAL.
Mais de vos ennemis je vois les bataillons:

Là nos ducs acharnés après les pensions,
Nos abbés, à leur tour, ayant l'air de vous plaire,
Distribuans le fer, les bénédictions :
Ici nos financiers.... et leurs mains sont à craindre :
Là ces écrivailleurs, vampires du palais,
Resaisissant leur proie, en vertu des arrêts :
Et la robe à son tour composant avec gloire,
Contre les droits de l'homme un bon réquisitoire :
  Voyez vous accourir le commis, le valet ;
De leurs partis grossis il peut naître un orage ;
Craignez les préjugés, et sur-tout l'intérêt.
### LE SOLDAT.
L'esclave, croyez moi, n'a jamais de courage....
Voyez ces peuples vils, sous le joug abattus :
Dieu, pour les en punir, leur ôta les vertus....
Le cœur de l'homme libre en est le plus beau temple,
Toujours avec orgueil l'éternel le contemple !
La terre est à ses pieds, la foudre est dans ses mains !
D'Athènes et de Rome observez les destins....
### LE PROCUREUR FISCAL.
Vous n'êtes pas ici des grecs ni des romains ?
### LE SOLDAT
Mais nous sommes Français !.. mais nous portons dans l'ame
La haine des tyrans... mais à nos oppresseurs
Bastille, tu diras quels furent tes vainqueurs !
Chacun de nous défend et ses fils et sa femme....
Qu'avoient de plus ces grecs, vengeurs de leur pays ?
Ils étaient moins nombreux et sur-tout moins instruits.
### LE PROCUREUR FISCAL.
Je vois pour les journaux que le peuple s'abonne ;
En tricotant mes bas, ma servante raisonne.
### LE SOLDAT.
Fort bien !..
### LE PROCUREUR FISCAL.
  Mais dans ce flux de libelles menteurs,
La vérité se noie au milieu des erreurs.
### LE SOLDAT.
Qui voudroit écouter les clameurs frénétiques
De ces grouppes hurlans de Stentors politiques,
Nous prêchans que la paix n'est jamais bonne à rien,

Et qu'il faut s'égorger pour que tout aille bien,
Les français briseront ces forges ténébreuses,
Où rampent en sifflant ces vipères affreuses ;
On peut souffrir les sots, mais non pas les méchants ;
Ces auteurs assassins, ennemis du bon sens,
Appellent sur leur front, le sceau de l'infamie,
Leur plume est un stilet saturé de poison,
Et le mépris public, d'un fouet vengeur châtie
Ces chiens du despotisme, aboyans la raison.

### LE PROCUREUR FISCAL.
Les mécontens !

### LE SOLDAT.
    Seront citoyens par sistème ;
Ce qui me répond d'eux, est leur intérêt même ;...
Croyez-vous que parmi les poignards et les feux
Ils seroient mieux payés, ils seroient plus heureux ?
Et ne voyez vous pas dans ces fureurs rivales,
Que de chaque côté les pertes sont égales ;
Et que, s'il faut mourir, vengés, quoiqu'expirants,
Nous tomberons du moins sur le sein des tyrans.

### LE PROCUREUR FISCAL.
Il est des malheureux !

### LE SOLDAT.
    Du moins on les soulage !

### LE PROCUREUR FISCAL.
Vous avez peu d'argent :

### LE SOLDAT.
    Eh bien ! on le partage !

### LE PROCUREUR FISCAL.
L'égoïste....

### LE SOLDAT.
    Craindrai-je un être indifférent
Qui ne fait pas l'effort d'avoir un sentiment !...

### LE PROCUREUR FISCAL.
L'attente du bonheur vous lassera vous-même...

### LE SOLDAT.
Eh ! peut-on recueillir à l'instant où l'on seme !...

### LE PROCUREUR FISCAL.
Si l'on ne peut vous vaincre, on pourra vous tromper.

#### LE SOLDAT.
La loi veille, à ses yeux rien ne peut échapper.
#### LE PROCUREUR FISCAL.
Pour mieux perdre vos chefs, on noircira leur vie!
Le grand homme est toujours victime de l'envie :
En servant la vertu, de crimes soupçonné,
D'ennemis ténébreux, il marche environné...
#### LE SOLDAT.
Il trouve dans son cœur sa propre récompense,
Et c'est par des bienfaits, qu'il les force au silence
Il voit la calomnie exhalant son venin,
Debout à ses côtés, un poignard à la main :
Rien n'arrête l'essor d'une ame vertueuse,
Les libelles, l'exil, la mort la plus affreuse
Sont alors les dégrés de l'immortalité ;
Il attend un vengeur.... c'est la postérité !
#### LE PROCUREUR FISCAL.
La Ligue des tyrans prépare un vaste orage.
#### LE SOLDAT.
Qu'ils comptent les soldats, nous comptons le courage.
#### LE PROCUREUR FISCAL.
Dans la division ils ont mis leur espoir.
#### LE SOLDAT.
Mais partout la raison présente le miroir.
Partout l'enthousiasme et pourtant la prudence :
Ici brille le fer, là, tonne l'éloquence,
Les lauriers dans les mains je vois la liberté,
A nos cotés la gloire, et la nécessité :
Je vois nos ennemis tomber sur la poussière,
La France au devant d'eux se levant toute entière...
Ils n'osent approcher..... deja de toutes parts,
De glaives menaçans s'hérissent nos remparts !
Infatigable, ardente une vive jeunesse,
Sur les pas d'un héros s'élance avec yvresse,
Tout s'unit d'héroisme et combat de vertus,
D'un sexe foible et doux que j'aime les tributs,
Il donne sa parure et ces autres Romaines,
S'ornent avec orgueil du nom de citoyennes,

D

Le vieillard se ranime au bord de son tombeau,
Et la palme civique ombrage le berceau ;
Le fer brille, tout s'arme, appelle les combats,
Et la terre en fureur enfante des soldats...
Un jour la liberté consolant cette terre,
Aux deux mondes unis rapportera la paix :
Liberté, je te vois éteignant les forfaits,
Absoudre les humains du crime de la guerre.
Craignez, fiers oppresseurs, les peuples, leur réveil..
Les forfaits des tyrans amassent la tempête :
Les foudres qu'ils lançoient retombent sur leur tête !
Envain vous prolongez leur utile sommeil !
Un jour, n'en doutez pas, sortans de l'indolence...
Ils briseront le joug où languit leur enfance,
Et forts de notre exemple, imitans nos vertus,
Ils interrogeront leurs tyrans abbatus......

### LE PROCUREUR FISCAL.
C'est du moins un beau songe !

### LE FEDERE.
Vous avez intérêt que ce soit un mensonge !.....
*Ils sortent en se tournant le dos.*

---

## SCENE VII.
### LE VIEUX PAYSAN, UN CHARTREUX, UN PROCUREUR.

### LE VIEUX PAYSAN *à ses fils*
Que vois-je !

### LE CHARTREUX.
Vos enfans...

### LE PROCUREUR N.
Souffrez...

### LE VIEUX PAYSA
Point d'entretiens.
Si vous êtes mes fils, devenez citoyens.

### TOUS LES DEUX.
Mon père.

### LE VIEUX PAYSAN *reculant*
Vous servez contre votre patrie,
Vous n'êtes pas mes fils.... ils m'ôteront la vie.

LE PROCUREUR *jettant sa robe et paroissant en paysan.*
Chacun de nous retourne à son premier état.
    Je serai laboureur.
LE CHARTREUX *jettant l'habit et paroissant en*
    *garde national.*
            Moi je serai soldat ;
LE VIEUX PAYSAN *se précipitant dans leurs bras.*
Voilà mes fils !... Dieu que je remercie,
Je demandois pour eux plus d'vartu, moins d'éclat ;
Rends les honnêtes gens, ainsi que je le somme.
    LE PROCUREUR.
Moi je commence à l'être...
    LE VIEUX PAYSAN *au chartreux*
            Allons, j'aime à te voir,
Non pas un moine obscur, mais citoyen ; mais homme
    LE PROCUREUR.
J'ai ravagé les champs ; je les ferai valoir......
Ne souille plus mes yeux, instrument de rapine!
Robe, fléaux du monde, étendart de ruine !
Des brigands du barreau sanguinaire harnois
Il est moins de forfaits dans les nuits, dans les bois
Que sous ta couleur assassine
    LE CHARTREUX.
O vêtement de mort, cilice de Bruno,
D'un pieux égoïsme insensé domino,
Va loin de moi, je pense, et me défroque,...
Qu'importe un préjugé dont le sage se moque
Je te laisse à couvrir les frippons ou les sots.
    LE PROCUREUR.
Avec moins de richesse on a plus de repos.
    LE VIEUX PAYSAN.
Oui, souvent la richesse est le chemin du crime
Je vous l'ai dit, mes fils, restez toujours aux champs ;
N'allez pas à la ville ; ils y sont tous méchants :
Ces gens, dont j'envions la haute destinée,
N'dormons pas si bien q'nous, après notre journée...
On travaille, il est vrai : mais ces mêmes travaux
Donnent deux grands plaisirs, l'appétit et le repos.
Y s'agitions sans cesse, et trouvons mille obstacles ;
Ils ont besoin d'argent, d'intrigues, de spectacles ;

Enfin, pour être heureux, y leur faut d'lappareil;
Et nous, que nous faut-il ?.... un rayon de soleil !
Nous n'sommes plus mes fils dans ces tems difficiles
Où bien souvent le pain manquoit au laboureur,
Parmi des champs féconds, mais pour lui seul stériles;
On révere aujourd'hui le bon agriculteur........
Ce que c'est voyez vous que de savoir écrire
Nous devons ce bonheur à Voltaire, à Rousseau !
Aussi dans ma chaumiere on les voit en tableau,
Je veux qu'en leurs écrits mon fils apprenne à lire....
Vous ne l'avez pas vu not' dernier, un garçon
Vermeil, réjoui, fort comme une nation
Ca m'ressemble déja; ça rit; il balbutie
Deux mots, ses premiers mots, ma mere et la patrie!...

*au Chartreux.*

Tu détournes les yeux tu pleures !

LE CHARTREUX.

Quel tableau !....
Il pénetre mon cœur, l'attendrit; le déchire!.....
Je vois un pere ému, courbé sur un berceau.....
Il contemple son fils, et dans un saint délire,
Il attend, agité d'un sentiment nouveau,
Et son premier regard et son premier sourire......
Payée en ce moment de toutes ses douleurs.
Dans ses traits enfantins une sensible mere
Démêle avidement quelques traits de son pere.....
Et je la vois sourire en répandant des pleurs !......
Fardeau de la nature, inutile à la terre
D'un veuvage éternel je traine la misere....
Je suis seul dans le monde.... Ah ! pour être chrétien,
Faut-il cesser d'être homme et d'être citoyen!
Fanatiques, foulez la loi de la nature;
Il faut, pour la sentir, une ame simple et pure.
Pénétrez cet asyle, où le fourbe entêté
Affiche sur sa porte : ici la chasteté :
De la corruption c'est le sombre repaire !
La débauche est assise au fond du sanctuaire !
Ils se sont avilis, et se disent meilleurs.....
Le ciel les en punit par la perte des mœurs.

LE VIEUX PAYSAN.
Qui nous rend vertueux l'mariage! une femme,
Bien plus que de nos sens est le besoin de l'ame...
Voilà le vrai moment de former ces liens :
Mon fils, plus que jamais il faut des citoyens.
LE CHARTREUX.
Le préjugé....
LE VIEUX PAYSAN.
Se tait
LE CHARTREUX.
Mais contre moi j'ai Rome.
LE VIEUX PAYSAN.
Et pour toi la raison.
LE CHARTREUX.
Je suis prêtre
LE VIEUX PAYSAN.
Mais homme.
*au Procureur.*
Et toi mon fils, abjure un savoir détesté....
Que faut-il pour juger! le sens, la probité.
Un cœur droit va dicter une bonne sentence :
La nature a donné la première ordonnance,
Vos grands talens, mon fils, ne sont plus de saison,
La raison a coupé les ailes du fripon...
Mais qu'entends-je
*on entend une musique religieuse.*

---

## SCENE DERNIERE.

Le Maire tenant en main une couronne de lauriers, descend par les montagnes, il est suivi d'un cortège de citoyens et de citoyennes : le cortège s'ouvre sur le milieu du théâtre et laisse voir le buste de Mirabeau, porté par les Municipaux. Des philosophes, des gardes nationales placent sur un côté celui de Voltaire, de l'autre, un grouppe de mères et d'enfans apporte celui de Rousseau.

LE MAIRE *au peuple.*

Venez : l'autel de la patrie

Attend le buste du génie :
Portez sur sa tombe en tributs
Non d'inutiles pleurs, mais les mêmes vertus.
Venez vers cette auguste enceinte,
Par nos mains consacrée à la liberté sainte.
J'entends frémir l'hypocrite pieux,
Le vil cagot et sur-tout l'envieux....
Laissons leur enchasser le sot, le fourbe infame..
Le culte des talens convient mieux à notre ame.
Nos grands hommes, voilà nos dieux!
Oui sa tombe est un temple !...ombre auguste et chérie
Là, tu planes sans doute encor sur la patrie !
Là, de l'humanité, le sage défenseur
Se sentira couvert des rayons de ta flâme,
Le despote y craindra d'éveiller ta grande ame,
De ta cendre en courroux sortiroit un vengeur.

### LE VIEUX PAYSAN.
Hélas ! qui ne s'écrie, en voyant son image
Que n'est-il immortel ainsi que son ouvrage.

### LE PROTESTATT.
C'est lui, qui, la terreur des abus et des grands,
Plaça l'homme vengé, sur les débris des rangs.

### LE CURÉ.
Peuple, il fut ton ami.... prêt à quitter la vie,
De ses derniers regards il couvrait la patrie,
Ah ! nous n'entendrons plus son éloquente voix
A la vérité sainte, accoutumer les Rois,
D'un stile accusateur gourmander leur foiblesse,
Ou calmer dans leurs mains la foudre vengeresse.

### LE PROTESTANT.
Les tyrans à ses pieds abjuraient leurs fureurs.

### LE MAIRE.
Il n'est plus, mais il vit encor dans la mémoire ;
Il tomba sous le poids des palmes de la gloire,
Son génie a vaincu dix-huit siècles d'erreurs.

### LE CURÉ.
*montrant la statue de Voltaire.*
Génie universel, dont la vaste pensée
Entrainait vers le jour la France électrisée,
Qui moissonna les arts, conquit tous les talens,

Salut, homme prodige.......... il triomphe à seize ans
Géant de son aurore, il s'avance, et la scene
S'aggrandit, la raison enrichit melpomene :
Il jette un cri de guerre, et l'annonce aux tyrans

### LE PROTESTANT.

» Les prêtres ne sont pas ce qu'un vain peuple pense,
» Notre crédulité fait toute leur science. «
C'est Hercule au berceau qui dompte des serpens.

### LE MAIRE.

Barbares détracteurs des plaisirs qu'il vous donne
Insensés qui vouliez déchirer sa couronne,
De ce dieu des talens, obscurs blasphémateurs,
Sémiramis, Mérope, Amenaide, Alzire,
Ont forcé votre hommage, ont arraché vos pleurs,
Et l'envie étonnée applaudit à Zaire.

### LE CURÉ.

Le tolérant, le sage et vertueux Zopire
Est plus grand qu'un tyran qui trompe l'univers.
Quelles hautes leçons, quelle pompe de vers,
» Ne sais-tu pas encore homme foible et superbe,
Que l'insecte insensible enseveli sous l'herbe,
Et l'aigle impérieux qui plane au haut du ciel,
Rentrent dans le néant aux yeux de l'éternel.
Les mortels sont égaux, ce n'est pas la naissance,
C'est la seule vertu qui fait leur différence. «

### LE GARDE NATIONAL.

Son vers républicain dans des temps corrompus,
Ose d'un peuple libre étaler les vertus.
Il semait sur nos cœurs, les germes du courage ;
Ils sont nés : tout Français s'écrie avec Brutus ;
» Dieux ! donnez-nous la mort, plutôt que l'esclavage. «

### LE MAIRE.

Il fut tout, et Virgile, et Salluste à la fois,
Du sombre fanatisme il trace les outrages,
Il le suit il l'atteint, jusqu'en la nuit des âges.
Sous les débris du monde il va chercher nos droits.

### LE GARDE NATIONAL.

Mais dans cette vaste carrière,
Reposant son vol sur des fleurs
Il adoucit les traits de sa lumière,

Il se joue autour de nos cœurs,
Momus lui prête son crayon,
Et pour habiller la raison
Il prend la ceinture des graces.
Candide et toi que j'ose nommer,
Que tout en grondant, l'on dévore,
On commence par vous aimer,
On finit par s'instruire encore,
Il a su prendre plus d'un ton,
Et sur sa tête octogénaire
Il unit au laurier d'Homère
La guirlande d'Anacréon.

### LE MAIRE.

C'est peu de l'éclairer, il cultive la terre,
» Tel étoit Appollon quand il se fit pasteur.
Il sait loger chez lui la gloire et le bonheur;
Un peuple le bénit, et le nomme son père.
Une ville naissante étonne vos regards,
Ils lui doivent ces murs, ces métiers et ces arts.

### LE CURÉ.

L'envie en vain se dresse et paraît s'irriter,
On noircit sa croyance, on l'accuse de crime,
On le nommait athée... il fit ce vers sublime,
» Si Dieu n'existait pas, il faudrait l'inventer. »

### LE PROTESTANT.

L'humanité s'assied sur le char de la gloire.
Il a vengé Calas.... consolant sa mémoire,
Il l'entraîne avec lui vers l'immortalité,
Il releve à l'honneur, Sirven persécuté ;
Ah ! content de lui-même, entendez-vous le sage,
» J'ai fait un peu de bien, c'est mon meilleur ouvrage. »

### LE CURÉ.

Amis de la nature approchez de Rousseau ;
Pourquoi le couvrez-vous, ténèbres du tombeau.
C'est lui qui parmi nous apportant la lumière,
Dit à l'homme : « reprends ta dignité première.
» Le ciel fait des égaux ; le hazard fait des Rois.
» Je viens te révéler la hauteur de tes droits :
» Sors de tes préjugés; ose enfin te connoître.

» Remonte à la nature, et relève ton être.
Il dit, il a saisi ses pinceaux créateurs ;
L'imagination lui verse ses couleurs,
Quel peintre ! quels tableaux !... dans notre ame agitée,
Il descend, il l'embrâse, et tel que prométhée,
Il semble au feu du ciel allumer son flambeau.
Tel est l'astre du jour..... Il paroît : et la terre,
Voit de la sombre nuit retomber le rideau ;
Il verse autour de lui des torrens de lumière.....
Et que veut-il de vous mortels ? Votre bonheur.
Il est heureux alors. Ce desir qui l'enflame,
Fut pendant soixante ans le tourment de son ame.
Le plus grand des humains fut aussi le meilleur.

### LE VIEU PAYSAN.

Je n'sens pas son esprit, mais je connois son cœur.

### LE PROTESTANT.

Venez sensible mère... et vous jeunes amantes,
   Vous qu'il aimoit tendres enfans !
Approchez, il sourit à vos grouppes touchaus....
   Ah ! de vos mains reconnoissantes,
Donnez des fleurs à votre ami.

( *Des enfans, des femmes entourent et Couronnent*
        *J. Jacques* )

Une mère tenant son fils. *Air de J. J. je l'ai planté.*
  Ah ! sur le sein qui t'a vu naître,
  O mon fils repose endormi !
  C'est peu de t'avoir donné l'être :
  Ne me quitte point doux ami !....
 Sous cette bouche qui le presse,
 J'ai senti palpiter mon cœur !
 Tu m'enivres d'une caresse...
 Et mon devoir fait mon bonheur.

Voit-on jamais la tourterelle,
Confier son nid aux vautours ;
Elle réchauffe de son aile,
Le tendre fruit de ses amours.

         *Chœur de mères : même air.*
Le cri de la sainte nature.
Etoit étouffé par l'erreur.

Tu triomphes de l'imposture,
Rousseau tu nous donnes un cœur.

*Chœur de jeunes filles et d'enfans.*
Peintre d'Emile et de Sophie,
Près de toi l'on devient meilleur,
C'est nous donner plus que la vie,
Que l'embellir par le bonheur.

*Un coup de tonnerre annouce la Gloire. Elle reparoît au milieu des éclairs, assise sur son nuage avec le Temps. Son manteau couvre le buste du Roi.*

LA GLOIRE.

Français, à vos succès que l'avenir réponde.
Voyez l'exemple des héros. *Elle découvre le buste du Roi.*
Je vais graver ses vertus, vos travaux,
Pour être l'entretien et la leçon du monde.

LE TEMPS.

Vous avez vaincu les tyrans
Votre dernier triomphe est de vaincre le temps.

LE CURE.

Louis de notre amour reprends le diadême
Premier roi citoyen sois juste... sois toi même !
Tu viens des factions accablant les projets
Les combattre, les vaincre à force de bienfaits.
Que de la liberté les palmes révérées
S'élevent près des lys... que leurs tiges sacrées
Unissant leurs rameaux divisés trop long-temps
D'un ombrage fécond couvrent encor nos champs ;
Fais refleurir la paix écarte le tonnere
Un prince bienfaisant est un dieu sur la terre.

*Chœur général.*

Air : *Vive Henri quatre.*

Cessons la guerre
Ayons tes sentiments
Ce jour resserre
Nos nœuds et nos sermens
Tu nous rends un pere
Tu trouves des enfants.

( *La Toile tombe.* )

FIN.

## Table des articles

Réponse du Save à M. J. S.L. Américain — 1070
La vérité sur la Constitution, le Roi,
l'Assemblée nationale &c — 1071
Mémoire sur la Mendicité — 1072
Système général des finances de France — 1073
Extrait du traité complet sur la culture
du tabac — 1074
Prospectus d'un alphabet commun à
toutes les langues — 1075
Ecrit sur la police Municipale et sur
la police Correctionelle — 1075 bis
Adresse à l'Assemblée Nat. législ. — 1076
   Discours sur le luxe et sur l'hospitalité — 1076 bis
Discours sur l'organisation des Comités — 1077
La Constitution française — 1078
Les Jardins de Betz — 1079
La France régénérée — 1080

www.ingramcontent.com/pod-product-compliance
Lightning Source LLC
Chambersburg PA
CBHW060521050426
42451CB00009B/1104